AF199031

Impressum
Verlag: BABADADA GmbH, Nedderfeld 112 , 22529 Hamburg
Geschäftsführer / Verlagsleitung: Harald Hof
Druck: Books on Demand GmbH, In de Tarpen 42, 22848 Norderstedt

Imprint
Publisher: BABADADA GmbH, Nedderfeld 112 , 22529 Hamburg, Germany
Managing Director / Publishing direction: Harald Hof
Print: Books on Demand GmbH, In de Tarpen 42, 22848 Norderstedt

iskola
el colegio

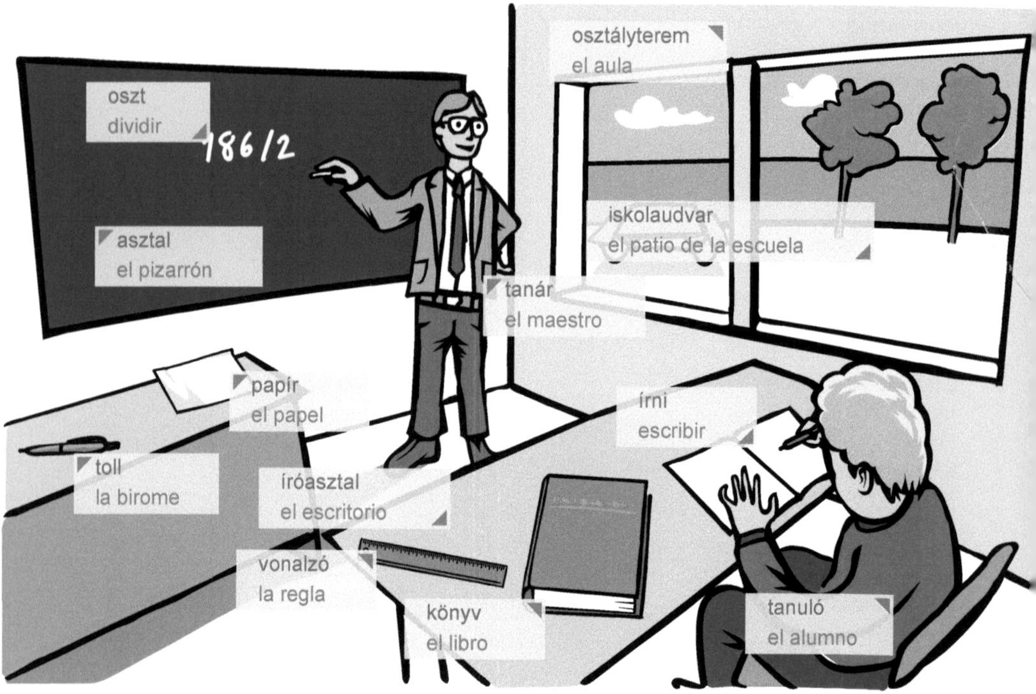

osztályterem
el aula
oszt
dividir
186/2
asztal
el pizarrón
iskolaudvar
el patio de la escuela
tanár
el maestro
papír
el papel
írni
escribir
toll
la birome
íróasztal
el escritorio
vonalzó
la regla
könyv
el libro
tanuló
el alumno

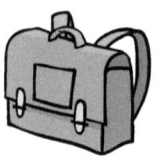

iskolatáska
la mochila

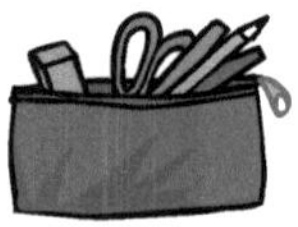

tolltartó
la caja de lápices

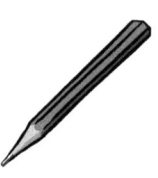

ceruza
el lápiz

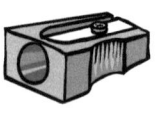

ceruzahegyező
el sacapuntas

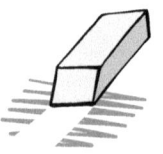

radír
la goma (de borrar)

rajzfüzet
el bloc de dibujo

rajz

el dibujo

ecset

el pincel

festőkészlet

la caja de pinturas

olló

la tijera

ragasztó

el pegamento

munkafüzet

el cuaderno de ejercicios

házi feladat

la tarea

12

szám

el número

2+2

összead

sumar

5-2

kivon

restar

2×2

szoroz

multiplicar

számol

calcular

A

betű

la letra

ABCDEFG
HIJKLMN
OPQRSTU
VWXYZ

ABC

el abecedario

szó

la palabra

szöveg

el texto

olvasni

leer

kréta

la tiza

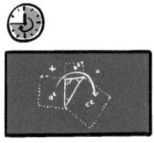

tanóra

la lección

napló

el cuaderno de clase

vizsga

el examen

bizonyítvány

el certificado

iskolai egyenruha

el uniforme escolar

oktatás

la educación

enciklopédia

la enciclopedia

egyetem

la universidad

mikroszkóp

el microscopio

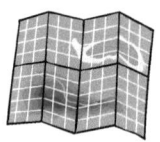

térkép

el mapa

papír-hulladék gyűjtő

el tacho (de basura)

utazás
el viaje

hotel
el hotel
Grand
szállás
el hostel
ROOMS
valutaváltó iroda
la casa de cambio
bőrönd
la valija
autó
el auto

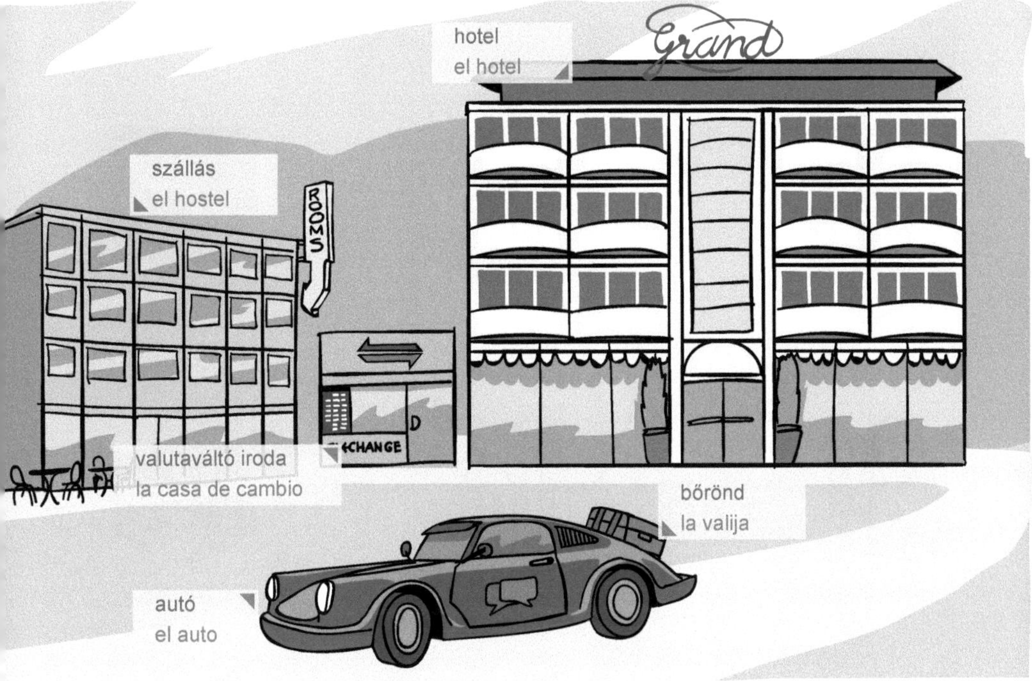

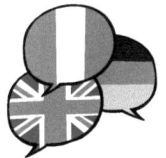

nyelv

el idioma

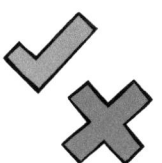

igen/nem

sí / no

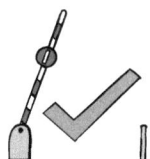

rendben

Está bien

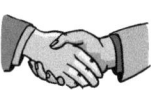

szia

hola

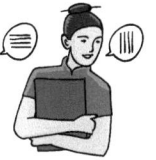

fordító

el traductor

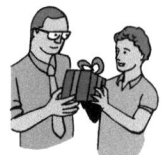

köszönöm

Gracias

mennyibe kerül...?

¿cuánto cuesta...?

nem értem

No entiendo

probléma

el problema

Jó estét!

¡Buenas tardes!

jó reggelt!

¡Buenos días!

jó éjszakát!

¡Buenas noches!

viszontlátásra

el adiós

útirány

la dirección

poggyász

el equipaje

táska

el bolso

hátizsák

la mochila

vendég

el invitado

szoba

la habitación

hálózsák

la bolsa de dormir

sátor

la carpa

turista információ

la información turística

strand

la playa

hitelkártya

la tarjeta de crédito

reggeli

el desayuno

ebéd

el almuerzo

vacsora

la cena

jegy

el pasaje

lift

el ascensor

bélyeg

el sello

határ

la frontera

vám

la aduana

nagykövetség

la embajada

vízum

la visa

útlevél

el pasaporte

közlekedés
el transporte

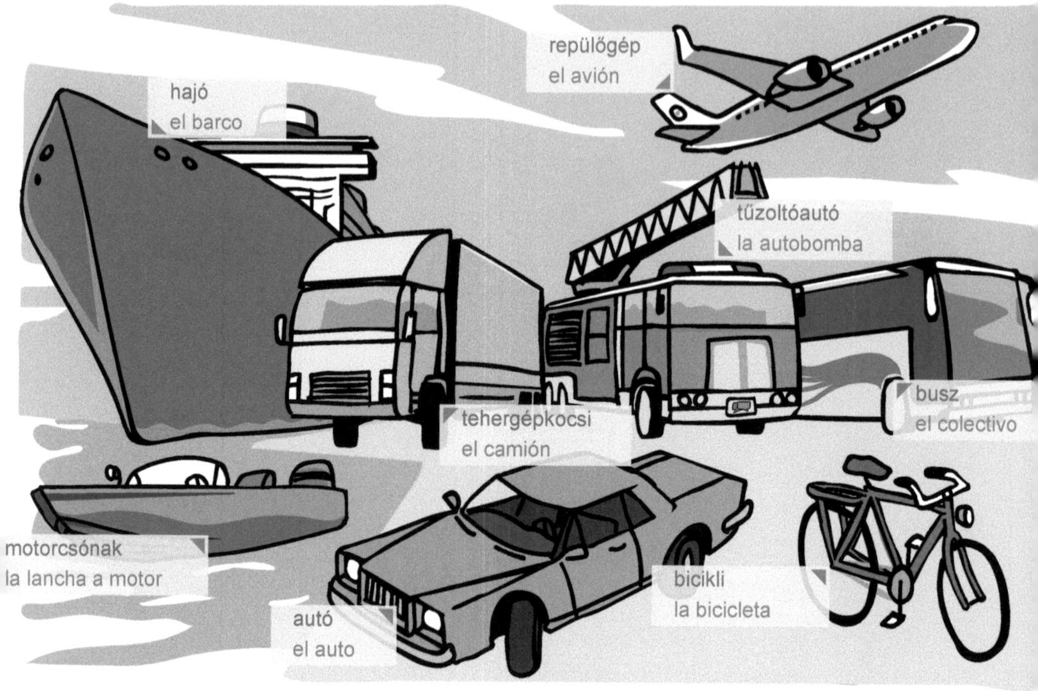
repülőgép
el avión
hajó
el barco
tűzoltóautó
la autobomba
busz
el colectivo
tehergépkocsi
el camión
motorcsónak
la lancha a motor
bicikli
la bicicleta
autó
el auto

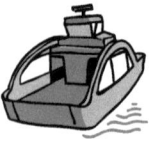

komp

el ferry

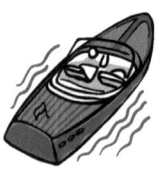

csónak

el bote

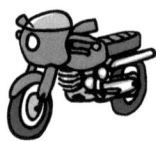

motorkerékpár

la moto

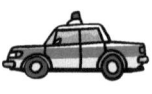

rendőrautó

el patrullero

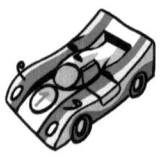

versenyautó

el auto de carreras

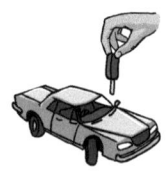

bérautó

el auto de alquiler

telekocsi

el alquiler de autos

vontató

la grúa

szemetes autó

el camión de la basura

motor

el motor

üzemanyag

la nafta

benzinkút

la estación de servicio

közlekedési tábla

la señal de tránsito

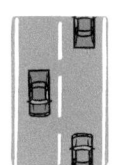

forgalom

el tránsito

forgalmi dugó

el embotellamiento

parkoló

el estacionamiento

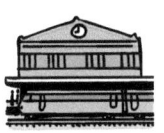

vonatállomás

la estación de tren

sínek

las vías

vonat

el tren

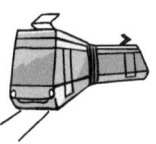

villamos

el tranvía

vagon

el vagón

helikopter

el helicóptero

repülőtér

el aeropuerto

torony

la torre

utas

el pasajero

konténer

el contenedor

kartondoboz

la caja de cartón

taliga

la carretilla

kosár

la canasta

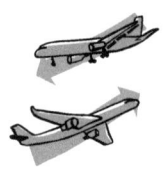

felszáll / leszáll

despegar / aterrizar

város

la ciudad

falu

el pueblo

városközpont

el centro de la ciudad

ház

la casa

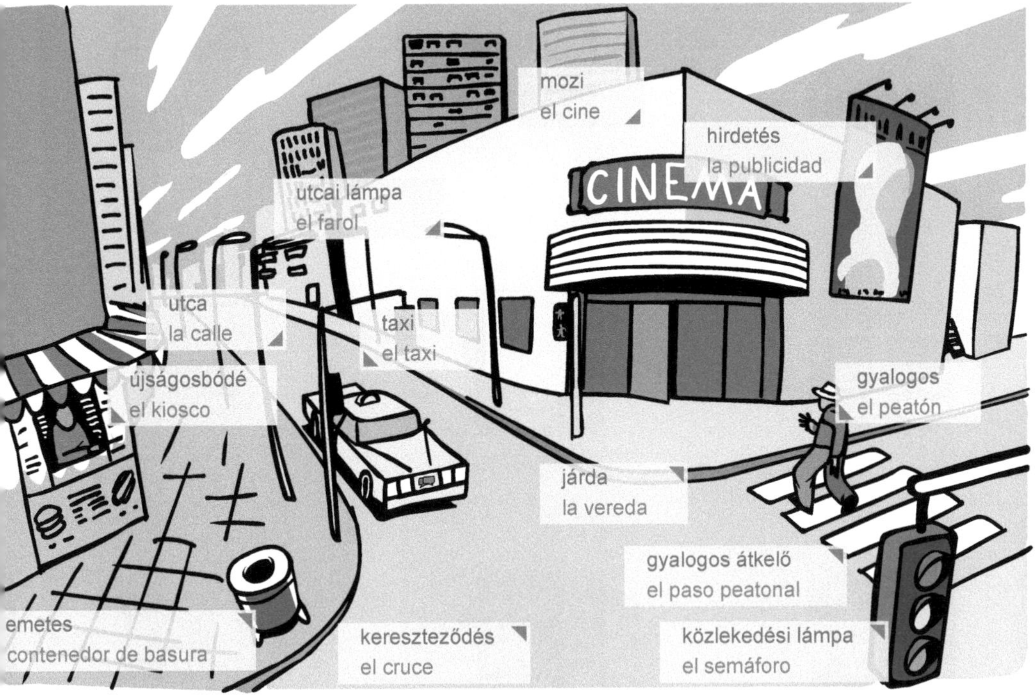

mozi
el cine

hirdetés
la publicidad

utcai lámpa
el farol

CINEMA

utca
la calle

taxi
el taxi

újságosbódé
el kiosco

gyalogos
el peatón

járda
la vereda

gyalogos átkelő
el paso peatonal

emetes
contenedor de basura

kereszteződés
el cruce

közlekedési lámpa
el semáforo

kunyhó
la cabaña

lakás
el departamento

vonatállomás
la estación de tren

városháza
la municipalidad

múzeum
el museo

iskola
el colegio

egyetem

la universidad

bank

el banco

kórház

el hospital

hotel

el hotel

gyógyszertár

la farmacia

iroda

la oficina

könyvesbolt

la librería

üzlet

el negocio

virágüzlet

la florería

szupermarket

el supermercado

piac

el mercado

áruház

las grandes tiendas

halárus

la pescadería

bevásárló központ

el centro comercial

kikötő

el puerto

park
el parque

pad
el banco

híd
el puente

lépcső
las escaleras

metró
el subte

alagút
el túnel

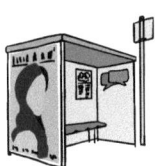

buszmegálló
la parada del colectivo

bár
el bar

étterem
el restaurante

postaláda
el buzón

utcatábla
el letrero

parkoló óra
el parquímetro

állatkert
el zoológico

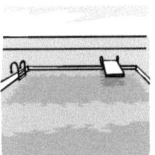

uszoda
la pileta

mecset
la mezquita

gazdálkodás
la granja

környezetszennyezés
la contaminación

temető
el cementerio

templom
la iglesia

játszótér
los juegos infantiles

szentély
el templo

táj
el paisaje

levél
la hoja

útjelző tábla
el poste indicador

út
el camino

rét
la pradera

kő
la piedra

túrázó
el excursionista

fa
el árbol

folyó
el río

fű
la hierba

virág
la flor

völgy
el valle

domb
la montaña

tó
el lago

erdő
el bosque

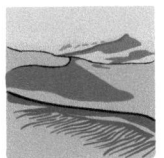

sivatag
el desierto

vulkán
el volcán

kastély
el castillo

szivárvány
el arco iris

gomba
el champiñón

pálmafa
la palmera

szúnyog
el mosquito

légy
la mosca

hangya
la hormiga

méhecske
la abeja

pók
la araña

bogár

el escarabajo

béka

la rana

mókus

la ardilla

sündisznó

el erizo

nyúl

la liebre

bagoly

la lechuza

madár

el pájaro

hattyú

el cisne

vaddisznó

el jabalí

szarvas

el ciervo

rénszarvas

el alce

gát

la presa

szélturbina

el aerogenerador

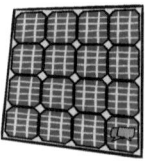

napelem

el panel solar

éghajlat

el clima

étterem
el restaurante

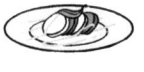

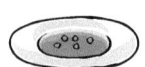

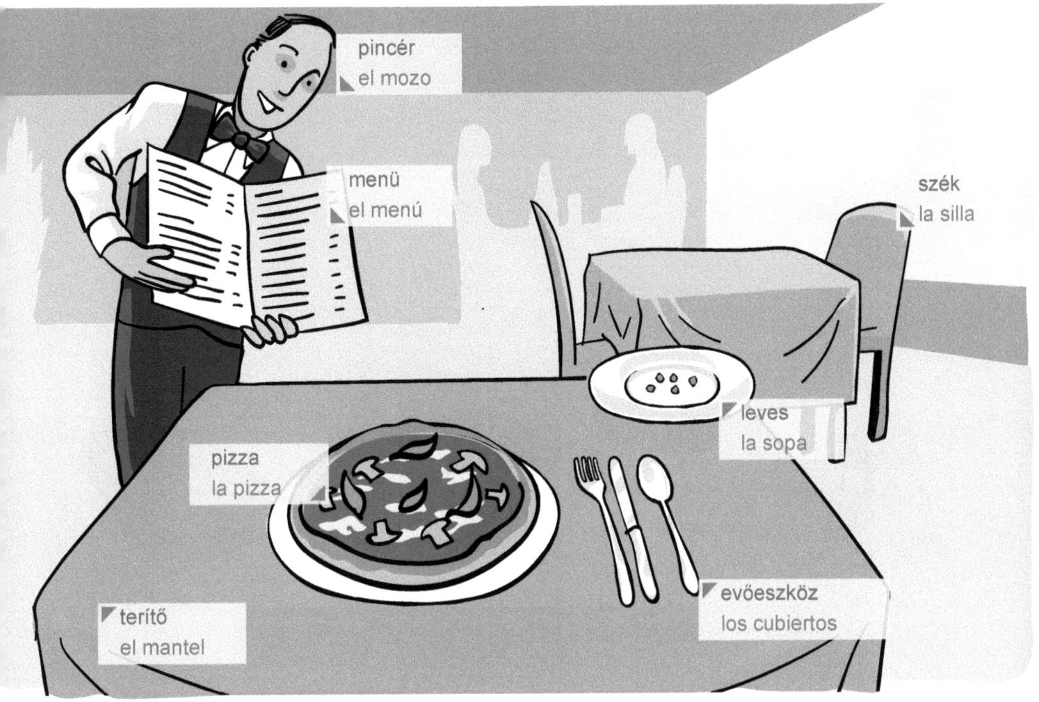
pincér
el mozo
menü
el menú
szék
la silla
leves
la sopa
pizza
la pizza
evőeszköz
los cubiertos
terítő
el mantel

előétel

la entrada

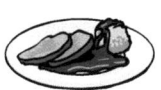

főétel

el plato principal

desszert

el postre

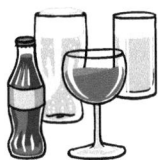

italok

las bebidas

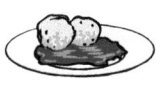

étel

la comida

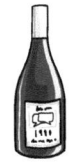

üveg

la botella

gyorsétel
la comida rápida

gyorsétel
la comida callejera

teás kanna
la tetera

cukortartó
la azucarera

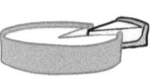

adag
la porción

eszpresszógép
la cafetera expreso

bárszék
la sillita alta

számla
la cuenta

tálca
la bandeja

kés
el cuchillo

villa
el tenedor

kanál
la cuchara

teáskanál
la cucharita

szalvéta
la servilleta

pohár
el vaso

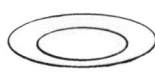

tányér

el plato

leveses tányér

el plato hondo

csészealj

el plato

szósz

la salsa

sószóró

el salero

borsőrlő

el molinillo de pimienta

ecet

el vinagre

étkezési olaj

el aceite

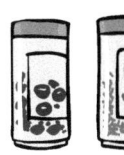

fűszerek

las especias

ketchup

el kétchup

mustár

la mostaza

majonéz

la mayonesa

szupermarket
el supermercado

különleges ajánlat
la oferta especial
FOR
ügyfél
el cliente
tejtermék
los lácteos
gyümölcsök
la fruta
bevásárló kocsi
el changuito

BUTCHERS

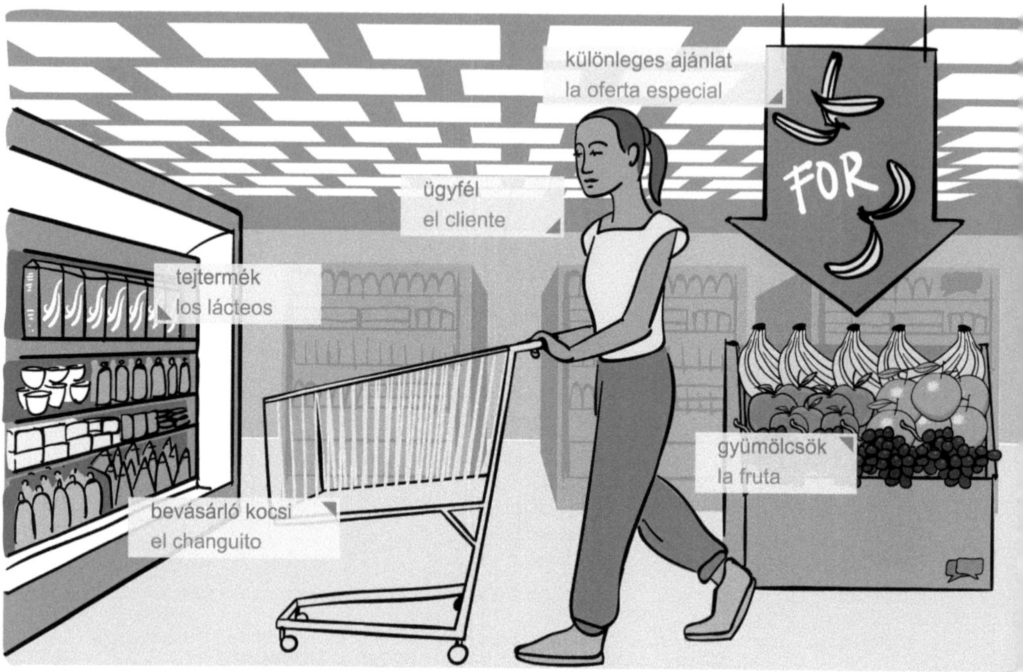

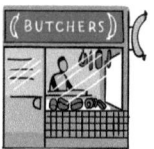

hentes

la carnicería

BAKERY

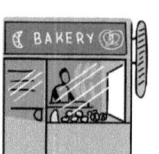

pékség

la panadería

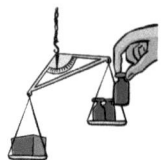

nyom valamennyit

pesar

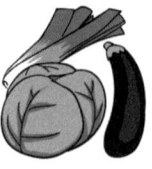

zöldség

las verduras

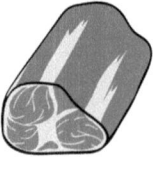

hús

la carne

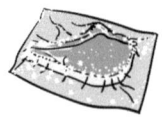

fagyasztott áru

los alimentos congelados

felvágott

los fiambres

konzerv

los alimentos enlatados

mosópor

el detergente en polvo

édességek

las golosinas

háztartási termék

los electrodomésticos

tisztítószerek

los productos de limpieza

eladó

la vendedora

pénztárgép

la caja

eladó

el cajero

bevásárló lista

la lista de compras

nyitva tartás

el horario de atención

levéltárca

la billetera

hitelkártya

la tarjeta de crédito

zacskó

la cartera

műanyag zacskó

la bolsa de plástico

víz
el agua

gyümölcslé
el jugo

tej
la leche

kóla
la bebida cola

bor
el vino

sör
la cerveza

alkohol
el alcohol

kakaó
el cacao

tea
el té

kávé
el café

eszpresszó
el café expreso

kapucsínó
el cappuccino

banán

la banana

alma

la manzana

narancs

la naranja

sárgadinnye

el melón

citrom

el limón

sárgarépa

la zanahoria

fokhagyma

el ajo

bambusz

el bambú

hagyma

la cebolla

gomba

el champiñón

magvak

las nueces

nokedli

los fideos

spagetti

los tallarines

rizs

el arroz

saláta

la ensalada

sült krumpli

las papas fritas

sült burgonya

las papas fritas

pizza

la pizza

hamburger

la hamburguesa

szendvics

el sándwich

hússzelet

el churrasco

sonka

el jamón

szalámi

el salame

kolbász

la salchicha

csirke

el pollo

pecsenye

el asado

hal

el pescado

zabkása

los copos de avena

müzli

el muesli

kukoricapehely

los copos de maíz

liszt

la harina

croissant

la medialuna

zsemle

el pancito

kenyér

el pan

pirítós kenyér

la tostada

keksz

las galletitas

vaj

la manteca

túró

la cuajada

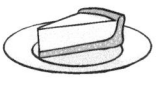

sütemény

la torta

tojás

el huevo

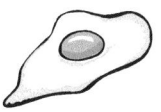

tükörtojás

el huevo frito

sajt

el queso

jégkrém

el helado

cukor

el azúcar

méz

la miel

lekvár

la mermelada

mogyorókrém

la pasta de chocolate

curry

el curry

gazdálkodás
la granja

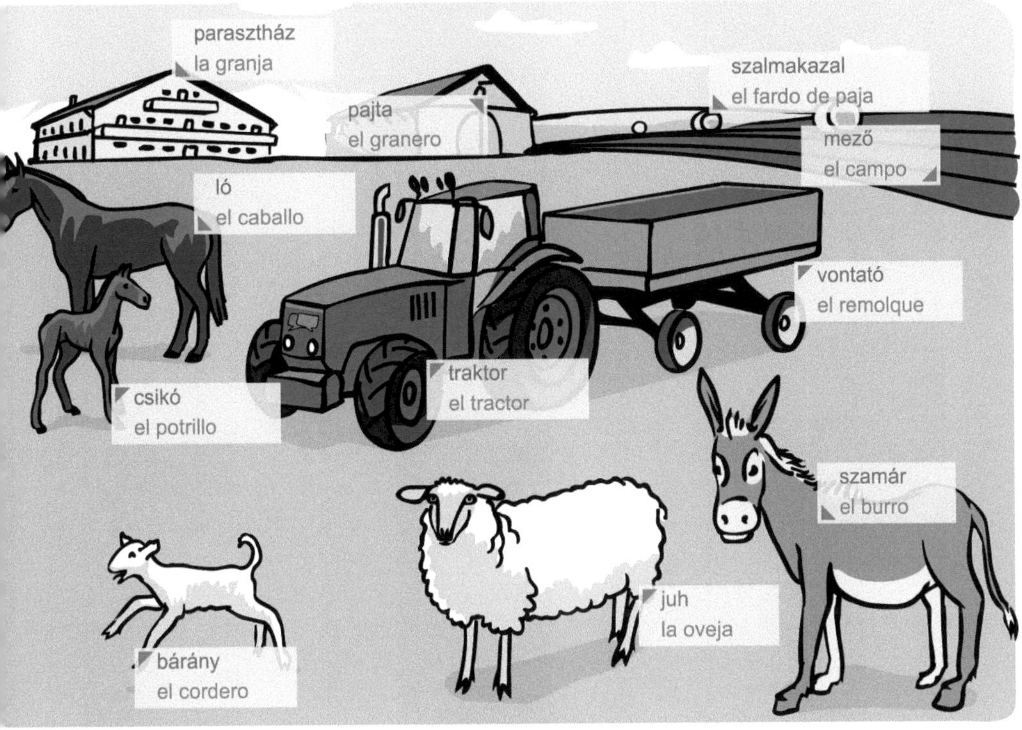
parasztház
la granja
szalmakazal
el fardo de paja
pajta
el granero
mező
el campo
ló
el caballo
vontató
el remolque
traktor
el tractor
csikó
el potrillo
szamár
el burro
juh
la oveja
bárány
el cordero

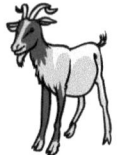

kecske

la cabra

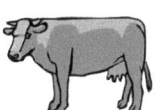

tehén

la vaca

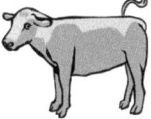

borjú

el ternero

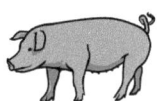

malac

el cerdo

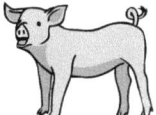

kismalac

el lechón

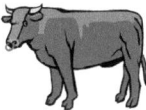

bika

el toro

liba
el ganso

kacsa
el pato

csibe
el pollo

tojó
la gallina

kakas
el gallo

patkány
la rata

macska
el gato

egér
el ratón

ökör
el buey

kutya
el perro

kutyaház
la cucha

kerti öntözőcső
la manguera

öntözőkanna
la regadera

kasza
la guadaña

eke
el arado

sarló

la hoz

kapa

la azada

vasvilla

la horquilla

fejsze

el hacha

talicska

la carretilla

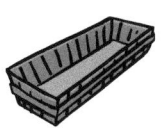

teknő

el abrevadero

tejes kancsó

la lechera

zsák

la bolsa

kerítés

la reja

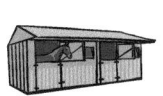

istálló

el establo

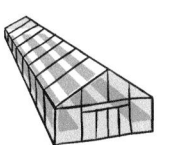

üvegház

el invernadero

talaj

el suelo

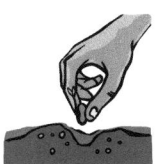

vetőmag

la semilla

trágya

el fertilizador

cséplőgép

la cosechadora

szüretelni

cosechar

betakarítás

la cosecha

yamgyökér

las batatas

búza

el trigo

szója

la soja

burgonya

la papa

kukorica

el maíz

repcemag

la semilla de colza

gyümölcsfa

el árbol frutal

manióka

la mandioca

gabona

los cereales

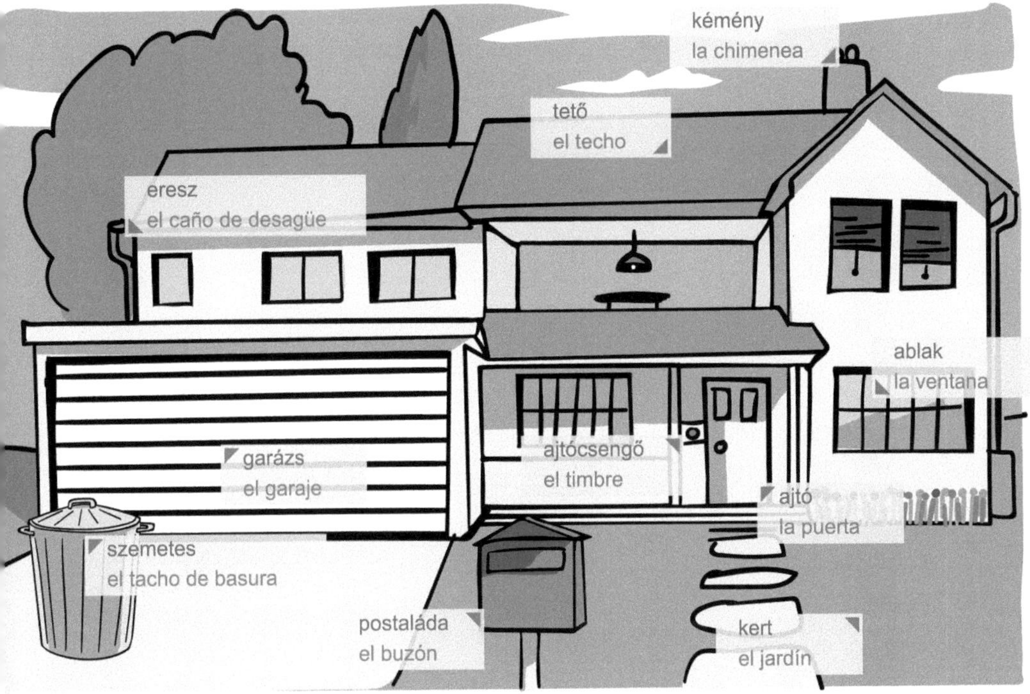

kémény
la chimenea

tető
el techo

eresz
el caño de desagüe

ablak
la ventana

garázs
el garaje

ajtócsengő
el timbre

ajtó
la puerta

szemetes
el tacho de basura

postaláda
el buzón

kert
el jardín

nappali

el living

fürdőszoba

el baño

konyha

la cocina

hálószoba

el dormitorio

gyerekszoba

el cuarto de los chicos

ebédlő

el comedor

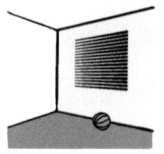

padló

el piso

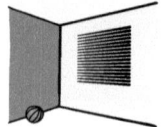

fal

la pared

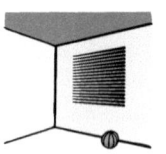

plafon

el cielorraso

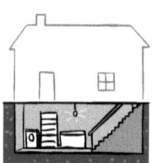

pince

el sótano

szauna

el sauna

erkély

el balcón

terasz

la terraza

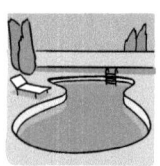

medence

la pileta

fűnyíró

la cortadora de pasto

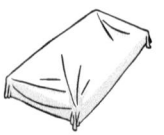

lepedő

la sábana

ágytakaró

el acolchado

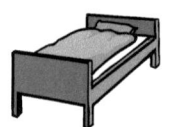

ágy

la cama

seprű

la escoba

vödör

el balde

kapcsoló

el interruptor

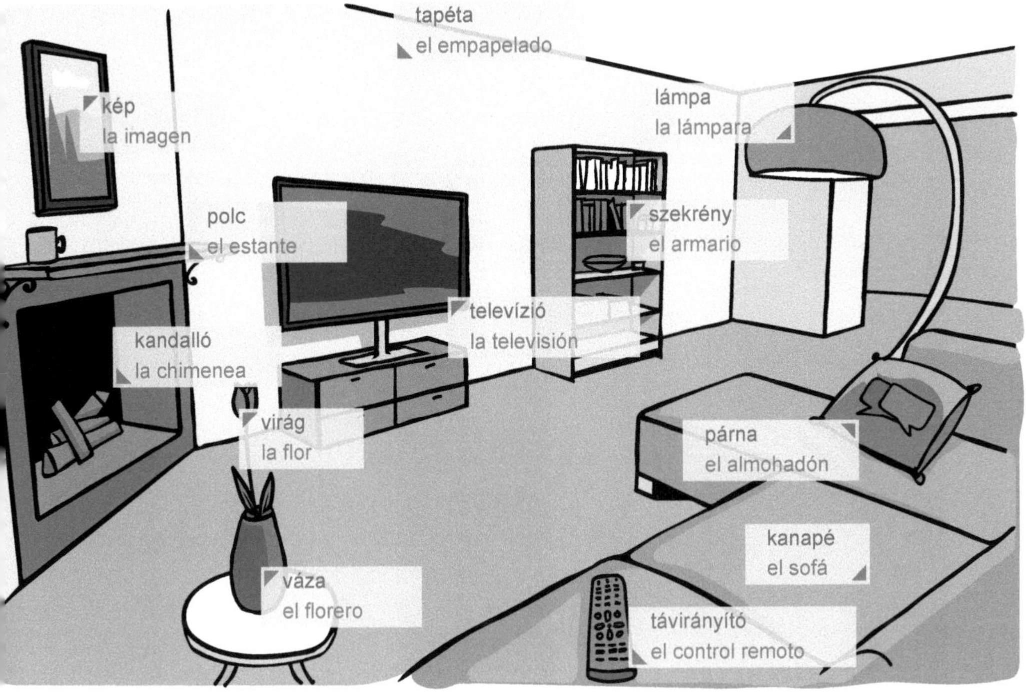

tapéta
el empapelado

lámpa
la lámpara

kép
la imagen

polc
el estante

szekrény
el armario

kandalló
la chimenea

televízió
la televisión

virág
la flor

párna
el almohadón

kanapé
el sofá

váza
el florero

távirányító
el control remoto

szőnyeg
la alfombra

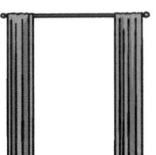

függöny
la cortina

asztal
la mesa

szék
la silla

hintaszék
la mecedora

karosszék
el sillón

könyv

el libro

takaró

la frazada

dekoráció

la decoración

tűzifa

la leña

film

la película

hifi

el equipo de música

kulcs

la llave

újság

el diario

festmény

la pintura

poszter

el póster

rádió

la radio

jegyzetfüzet

el cuaderno

porszívó

la aspiradora

kaktusz

el cactus

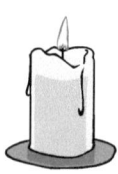

gyertya

la vela

konyha
la cocina

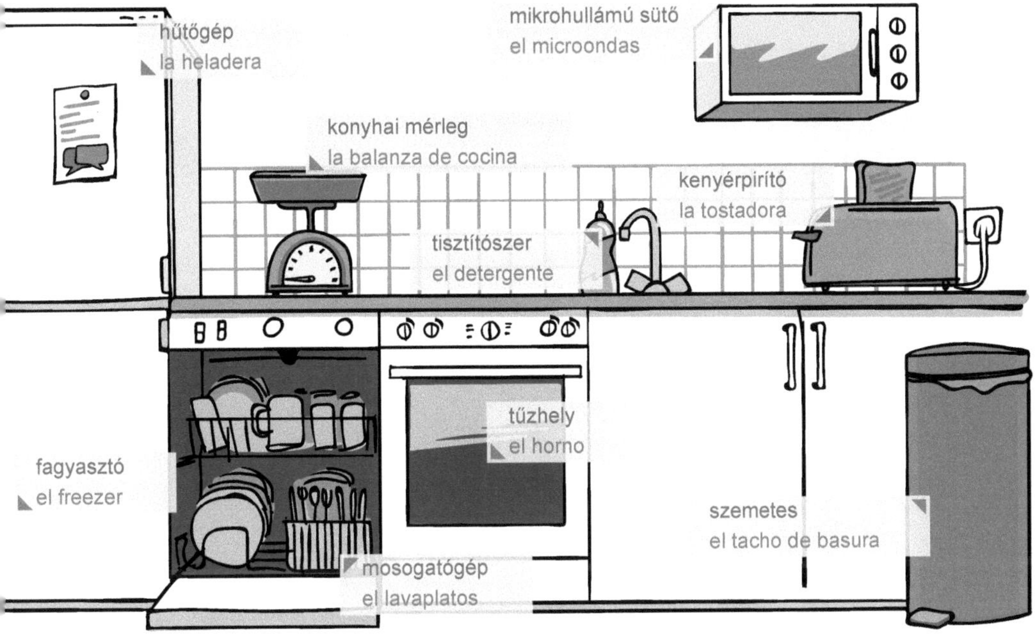

hűtőgép
la heladera
mikrohullámú sütő
el microondas
konyhai mérleg
la balanza de cocina
kenyérpirító
la tostadora
tisztítószer
el detergente
tűzhely
el horno
fagyasztó
el freezer
szemetes
el tacho de basura
mosogatógép
el lavaplatos

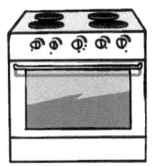

tűzhely

la cocina

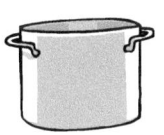

edény

la olla

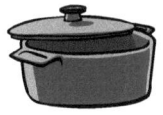

vasfazék

la olla de hierro fundido

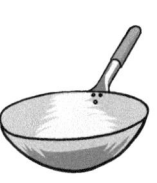

wok / kadai

el wok

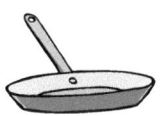

serpenyő

la sartén

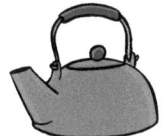

vízforraló

la pava

páróló
la vaporera

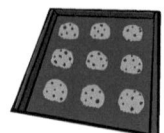

tepsi
la bandeja de horno

étkészlet
la vajilla

bögre
la taza

tálka
el bol

evőpálcika
los palitos

merőkanál
el cucharón

keverőlapátka
la espátula

habverő
la batidora

szűrő
el colador

szita
el colador

reszelő
el rallador

mozsár
el mortero

grillsütő
la parrilla

kandalló
la fogata

vágódeszka

la tabla de picar

sodrófa

el palo de amasar

dugóhúzó

el sacacorchos

doboz

la lata

konzervnyitó

el abrelatas

edényfogó

la manopla

mosogató

la pileta

kefe

el cepillo

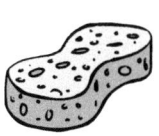

szivacs

la esponja

turmixgép

la batidora

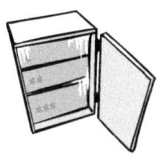

mélyhűtő

el congelador

cumisüveg

la mamadera

csap

la canilla

konyha - la cocina

fürdőszoba
el baño

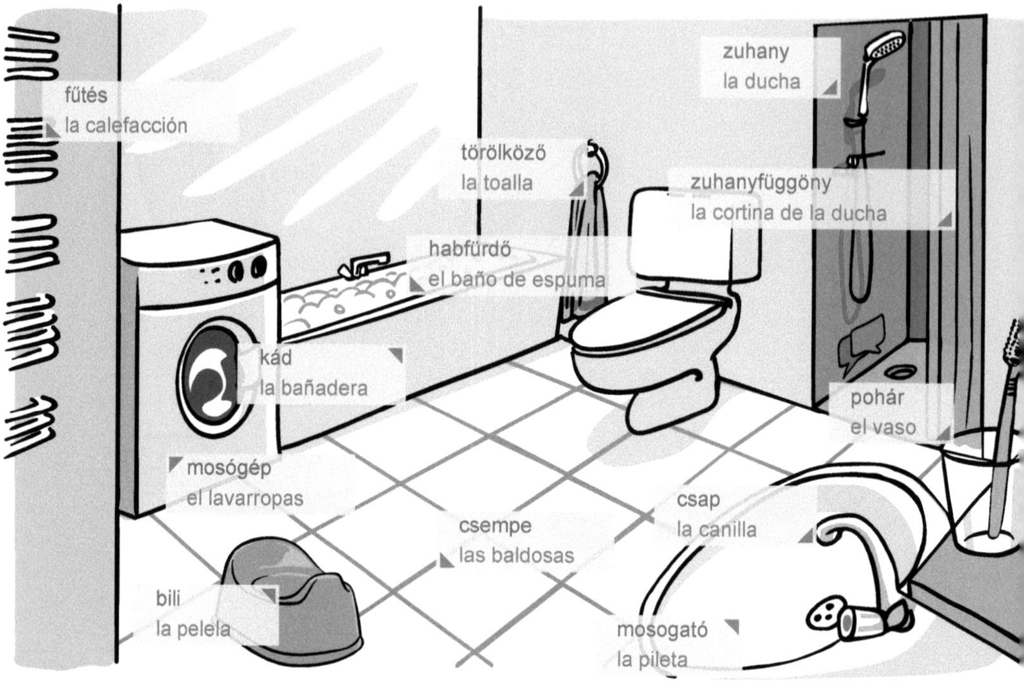

fűtés
la calefacción
törölköző
la toalla
zuhany
la ducha
zuhanyfüggöny
la cortina de la ducha
habfürdő
el baño de espuma
kád
la bañadera
mosógép
el lavarropas
pohár
el vaso
csap
la canilla
csempe
las baldosas
bili
la pelela
mosogató
la pileta

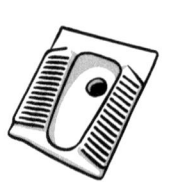

toalett
el inodoro

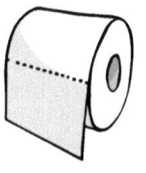

guggolós toalett
la letrina

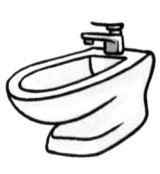

bidé
el bidé

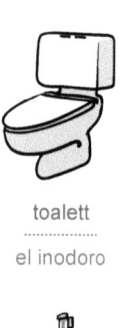

piszoár
el mingitorio

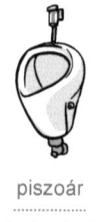

toalett papír
el papel higiénico

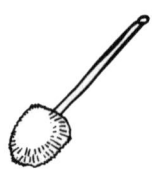

wc kefe
el cepillo para el inodoro

fogkefe

el cepillo de dientes

fogkrém

el dentífrico

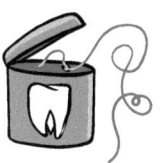

fogselyem

el hilo dental

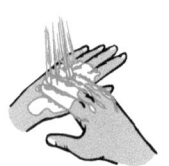

mosni

lavar

kézi zuhany

la ducha de mano

intimzuhany

la ducha higiénica

mosdótál

la palangana

hátmosó kefe

el cepillo para la espalda

szappan

el jabón

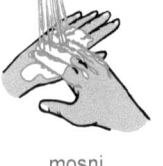

tusfürdő

el gel de ducha

sampon

el shampoo

mosdókesztyü

la toallita

lefolyó

el desagüe

krém

la crema

dezodor

el desodorante

tükör
el espejo

kézitükör
el espejito

borotva
la maquinita de afeitar

borotvahab
la espuma de afeitar

borotválkozás utáni
arcszesz
el aftershave

fésű
el peine

hajkefe
el cepillo

hajszárító
el secador de pelo

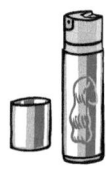

hajlakk
el spray

smink
el maquillaje

ajakrúzs
el lápiz de labios

körömlakk
el esmalte para uñas

vatta
el algodón

körömvágó olló
la tijera para uñas

parfüm
el perfume

neszesszer

el portacosméticos

sámli

la banqueta

mérleg

la balanza

köntös

la bata

gumikesztyű

los guantes de goma

tampon

el tampón

egészségügyi betét

la toallita femenina

vegyi WC

el baño químico

gyerekszoba
el cuarto de los chicos

ébresztő óra
el despertador
plüssállat
el peluche
játékautó
el coche de juguete
csörgő
el sonajero
babaház
la casa de muñecas
ajándék
el regalo

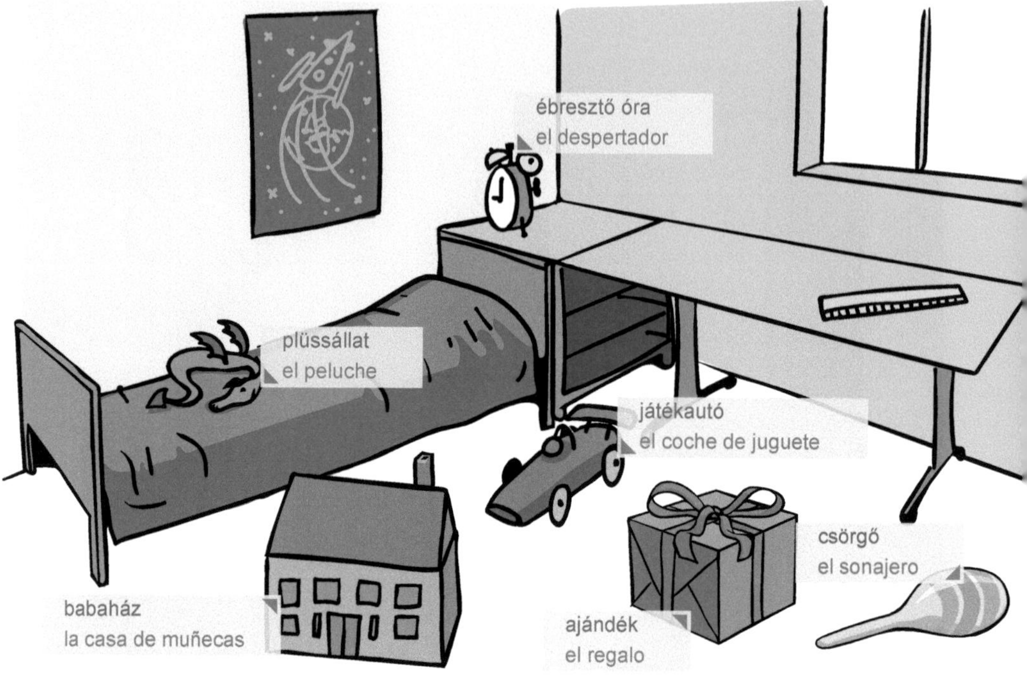

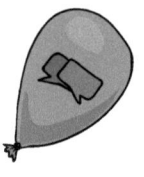

lufi

el globo

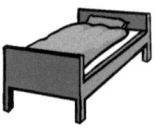

ágy

la cama

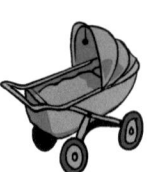

babakocsi

el cochecito

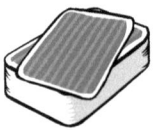

kártyapakli

las cartas

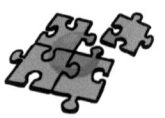

kirakós játék

el rompecabezas

SUPER
MEGA

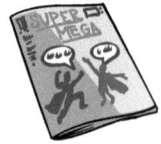

képregény

la historieta

építőkockák

las piezas de lego

építőelem

los ladrillos de juguete

szuperhős

la figura de acción

rugdalózó

el enterito (de bebé)

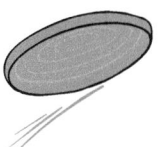

frizbi

el frisbee

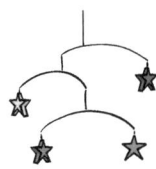

zenélő forgó

el móvil para bebés

társasjáték

el juego de mesa

kocka

los dados

modellvasút

el tren eléctrico

cumi

el chupete

zsúr

la fiesta

képeskönyv

el libro de cuentos ilustrado

labda

la pelota

baba

la muñeca

játszani

jugar

homokozó
el arenero

hinta
la hamaca

játékok
los juguetes

videójáték konzol
la consola de videojuegos

tricikli
el triciclo

teddi maci
el osito de peluche

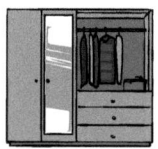

ruhásszekrény
el armario

ruházat
la ropa

zokni
las medias

harisnya
las medias panty

harisnyanadrág
las calzas

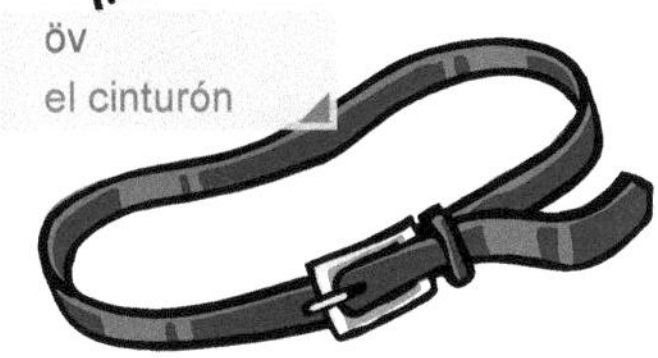

sál
la bufanda

esernyő
el paraguas

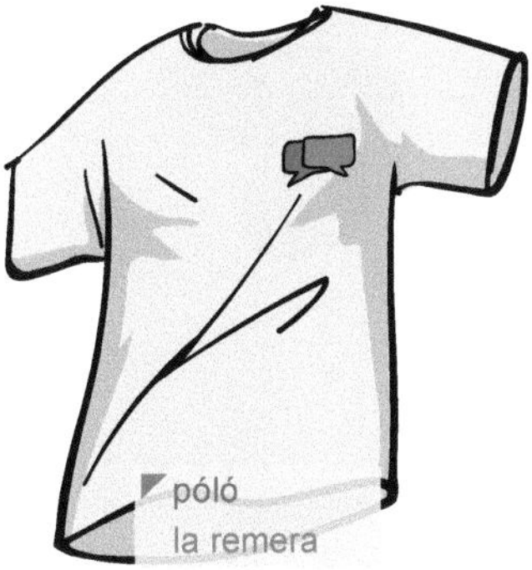

öv
el cinturón

póló
la remera

tornacipő
las zapatillas

csizma
las botas

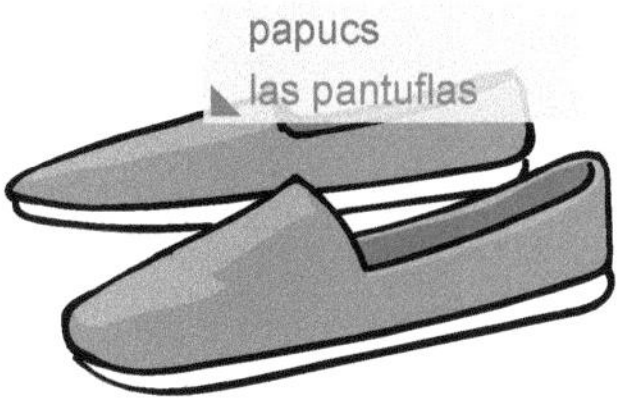

papucs
las pantuflas

szandál
las sandalias

cipő
los zapatos

gumicsizma
las botas de goma

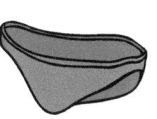

alsónadrág
la ropa interior

melltartó
el corpiño

mellény
el chaleco

body

el body

nadrág

los pantalones

farmer

los jeans

szoknya

la pollera

blúz

la blusa

ing

la camisa

pulóver

el pulóver

kapucnis pulóver

el buzo

blézer

el blazer

dzseki

la campera

kabát

el tapado

esőkabát

el piloto

kosztüm

el traje

ruha

el vestido

esküvői ruha

el vestido de novia

öltöny
el traje

hálóing
el camisón

pizsama
el pijama

szári
el sari

fejkendő
el pañuelo para la cabeza

turbán
el turbante

burka
la burka

kaftán
el caftán

abaya
la abaya

fürdőruha
el traje de baño

fürdőnadrág
el short de baño

rövidnadrág
los shorts

tréningruha
el jogging

kötény
el delantal

kesztyű
los guantes

ruházat - la ropa

gomb

el botón

szemüveg

los anteojos

karkötő

la pulsera

nyaklánc

el collar

gyűrű

el anillo

fülbevaló

el aro

sapka

la gorra

vállfa

la percha

kalap

el sombrero

nyakkendő

la corbata

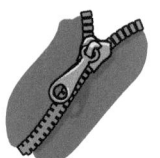

cipzár

el cierre

bukósisak

el casco

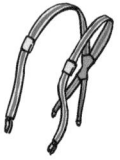

nadrágtartó

los tiradores

iskolai egyenruha

el uniforme escolar

egyenruha

el uniforme

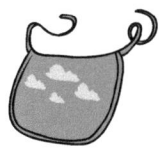

előke

el babero

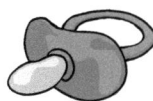

cumi

el chupete

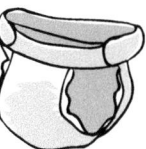

pelenka

el pañal

iroda
la oficina

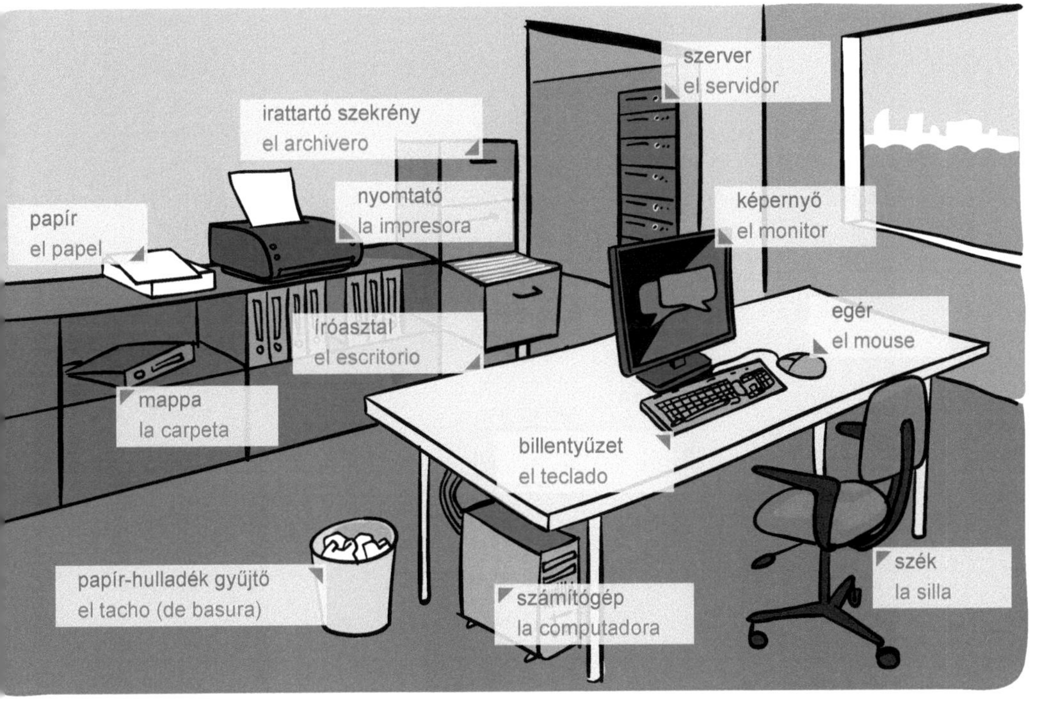
szerver
el servidor
irattartó szekrény
el archivero
nyomtató
la impresora
képernyő
el monitor
papír
el papel
íróasztal
el escritorio
egér
el mouse
mappa
la carpeta
billentyűzet
el teclado
papír-hulladék gyűjtő
el tacho (de basura)
számítógép
la computadora
szék
la silla

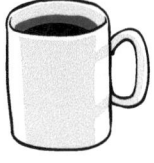

kávéscsésze

la taza de café

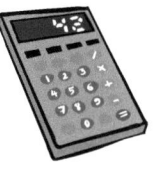

számológép

la calculadora

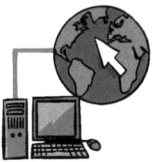

internet

el internet

laptop
la laptop

levél
la carta

üzenet
el mensaje

mobiltelefon
el celular

hálózat
la red

fénymásoló
la fotocopiadora

szoftver
el software

telefon
el teléfono

konnektor
el tomacorriente

faxgép
el fax

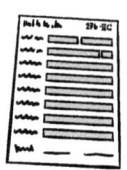

formanyomtatvány
el formulario

dokumentum
el documento

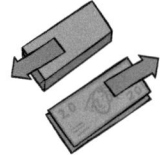

venni

comprar

fizetni

pagar

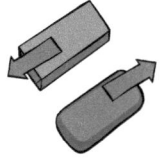

kereskedni

hacer negocios

pénz

el dinero

USD

dollár

el dólar

EUR

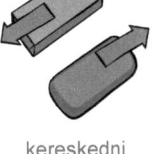

euró

el euro

JPY

jen

el yen

RUB

rubel

el rublo

CHF

svájci frank

el franco suizo

CNY

kínai jüan

el yuan

INR

rúpia

la rupia

bankautomata

el cajero automático

valutaváltó iroda

la casa de cambio

arany

el oro

ezüst

la plata

olaj

el petróleo

energia

la energía

ár

el precio

szerződés

el contrato

adó

el impuesto

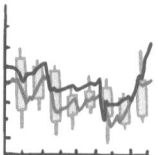

részvény

la acción

dolgozni

trabajar

munkavállaló

el empleado

munkaadó

el empleador

gyár

la fábrica

üzlet

el negocio

rendőr
el policía

tűzoltó
el bombero

szakács
el cocinero

orvos
el médico

pilóta
el piloto

kertész

el jardinero

kárpitos

el carpintero

varrónő

la modista

bíró

el juez

vegyész

el farmacéutico

színész

el actor

buszsofőr

el colectivero

taxisofőr

el taxista

halász

el pescador

bejárónő

la mucama

tetőfedő

el techista

pincér

el mozo

vadász

el cazador

festő

el pintor

pék

el panadero

villanyszerelő

el electricista

építőmunkás

el albañil

mérnök

el ingeniero

hentes

el carnicero

vízvezeték-szerelő

el plomero

postás

el cartero

katona

el soldado

építész

el arquitecto

eladó

el cajero

virágos

el florista

fodrász

el peluquero

kalauz

el cobrador

műszerész

el mecánico

kapitány

el capitán

fogorvos

el dentista

tudós

el científico

rabbi

el rabino

imám

el imán

szerzetes

el monje

lelkész

el sacerdote

szerszámok

las herramientas

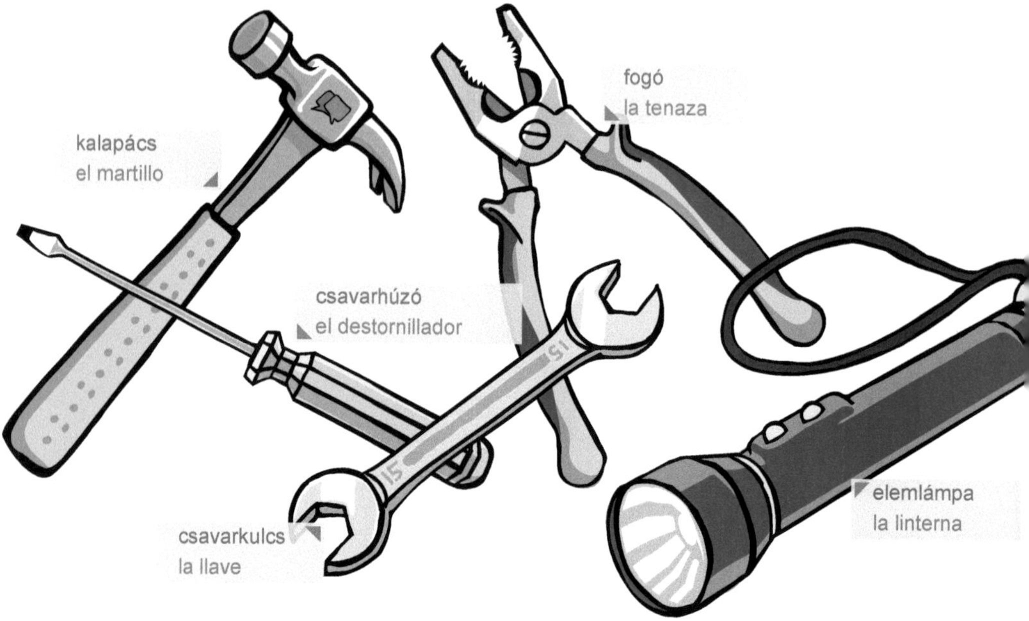

kalapács
el martillo
fogó
la tenaza
csavarhúzó
el destornillador
csavarkulcs
la llave
elemlámpa
la linterna

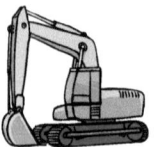

markológép

la excavadora

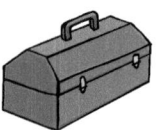

szerszámosláda

la caja de herramientas

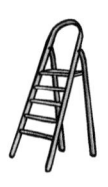

vödör

la escalera portátil

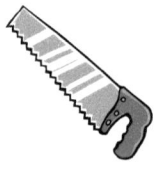

fűrész

la sierra

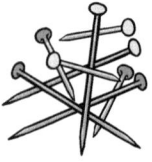

szög

los clavos

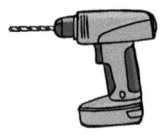

fúrógép

el taladro

megjavítani

arreglar

lapát

la pala de jardín

A francba!

¡Qué bronca!

szemétlapát

la pala de plástico

festékesdoboz

el tacho de pintura

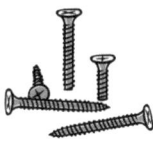

csavar

los tornillos

hangszerek
los instrumentos musicales

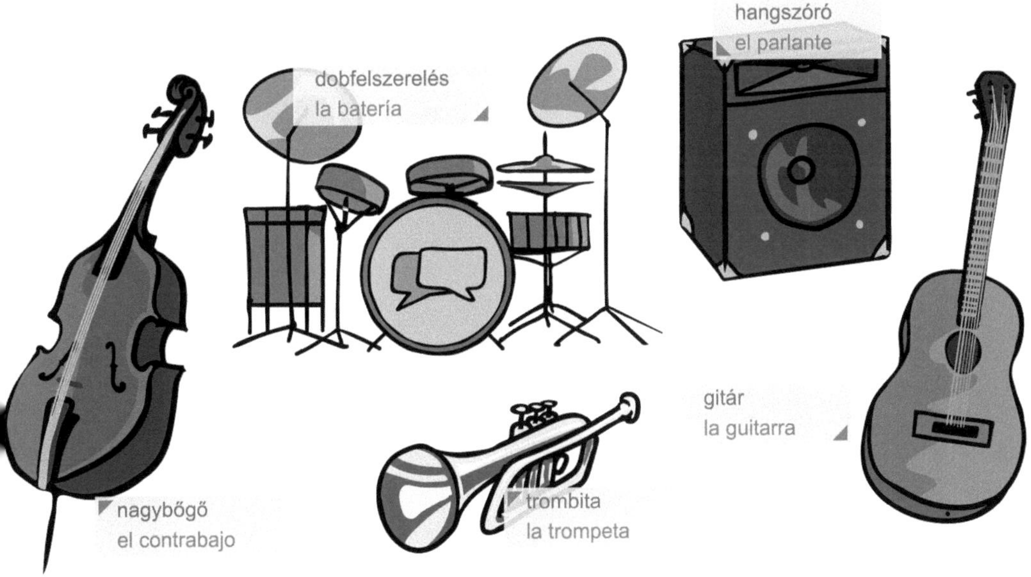

hangszóró
el parlante

dobfelszerelés
la batería

gitár
la guitarra

nagybőgő
el contrabajo

trombita
la trompeta

zongora

el piano

hegedű

el violín

basszusgitár

el bajo

üstdob

los timbales

dobok

el tambor

digitális zongora

el teclado

szaxofon

el saxofón

fuvola

la flauta

mikrofon

el micrófono

állatkert

el zoológico

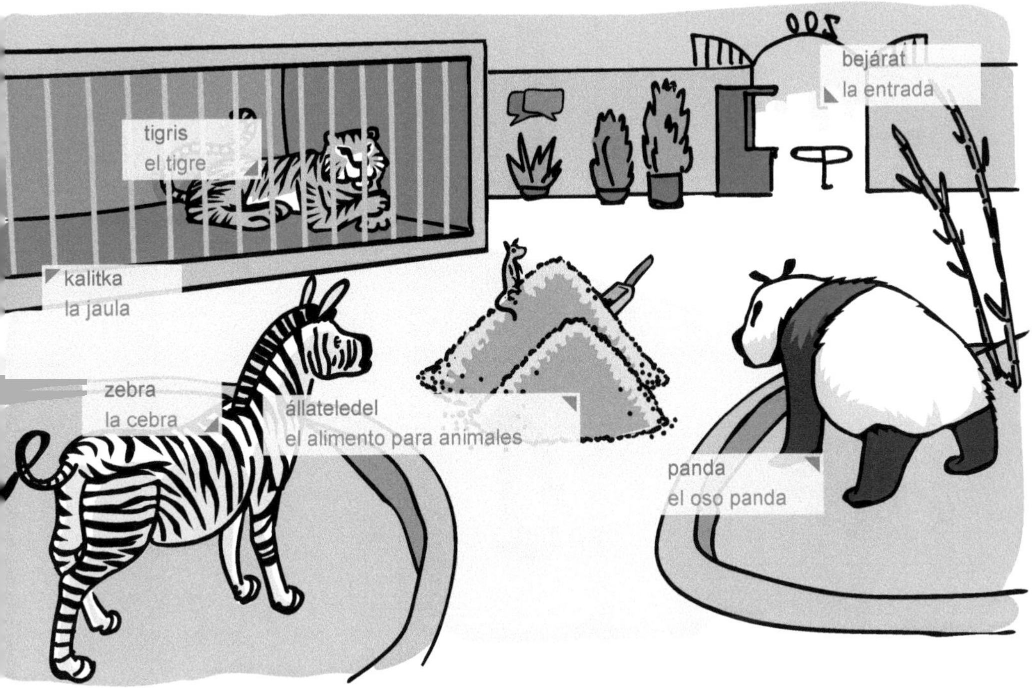

bejárat
la entrada
tigris
el tigre
kalitka
la jaula
zebra
la cebra
állateledel
el alimento para animales
panda
el oso panda

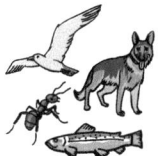

állatok

los animales

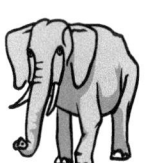

elefánt

el elefante

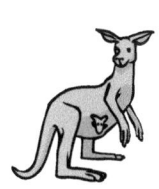

kenguru

el canguro

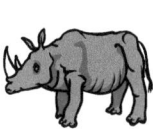

orrszarvú

el rinoceronte

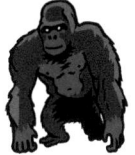

gorilla

el gorila

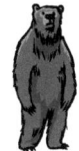

medve

el oso

teve

el camello

strucc

el avestruz

oroszlán

el león

majom

el mono

flamingó

el flamenco

papagáj

el loro

jegesmedve

el oso polar

pingvin

el pingüino

cápa

el tiburón

páva

el pavo real

kígyó

la serpiente

krokodil

el cocodrilo

állatgondozó

el cuidador del zoológico

fóka

la foca

jaguár

el jaguar

állatkert - el zoológico

póniló
el poni

leopárd
el leopardo

víziló
el hipopótamo

zsiráf
la jirafa

sas
el águila

vaddisznó
el jabalí

hal
el pescado

teknős
la tortuga

rozmár
la morsa

róka
el zorro

gazella
la gacela

állatkert - el zoológico

amerikai futball
el fútbol americano

kerékpározás
el ciclismo

tenisz
el tenis

kosárlabda
el básquet

úszás
la natación

jégkorong
el hockey sobre hielo

boksz
el boxeo

futball
el fútbol

tollas
el bádminton

atlétika
el atletismo

kézilabda
el handball

síelés
el esquí

lovaspóló
el polo

ugrani
saltar

ölelni
abrazar

nevetni
reír

sétálni
caminar

énekelni
cantar

álmodni
soñar

dicsérni
rezar

csókolni
besar

írni	rajzolni	mutatni
escribir	dibujar	mostrar
tolni	adni	vinni
presionar	dar	tomar

birtokolni

tener

csinálni

hacer

lenni

ser

állni

estar parado

futni

correr

húzni

tirar

hajít

tirar

esni

caer

hazudni

estar acostado

várni

esperar

vinni

llevar

ülni

estar sentado

felvenni

vestirse

aludni

dormir

felébredni

despertar

ránézni

mirar

sírni

llorar

simogat

acariciar

fésülni

peinar

beszélni

hablar

megérteni

entender

kérdezni

preguntar

hallgatni

escuchar

inni

beber

enni

comer

takarítani

ordenar

szeretni

amar

főzni

cocinar

vezetni

manejar

szállni

volar

vitorlázni

navegar

számol

calcular

olvasni

leer

tanulni

aprender

dolgozni

trabajar

házasodni

casarse

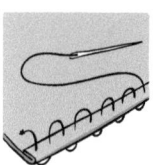

varrni

coser

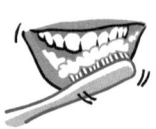

fogat mosni

cepillarse los dientes

ölni

matar

dohányozni

fumar

küldeni

enviar

család

la familia

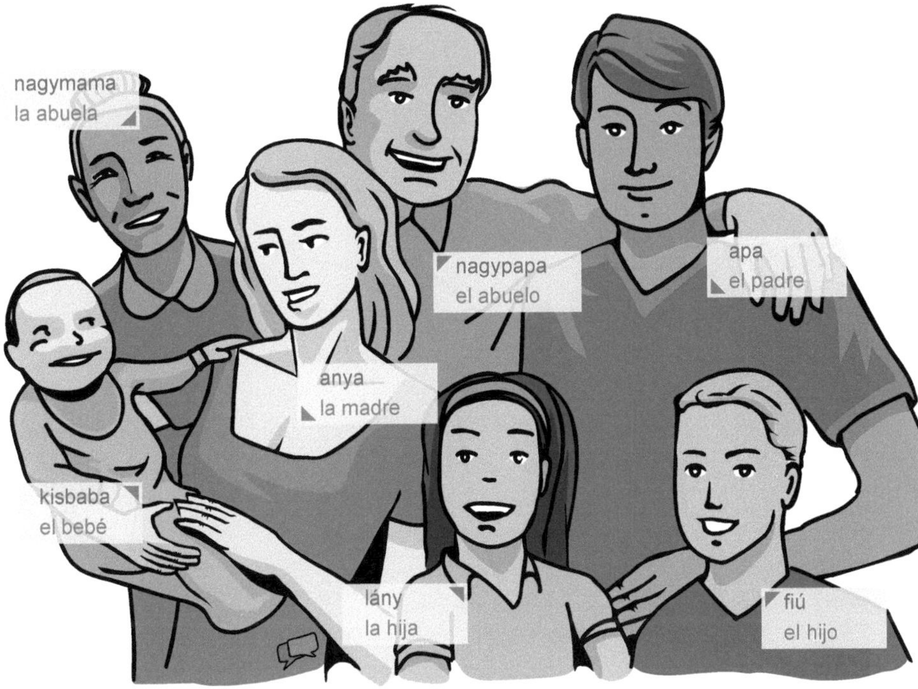
nagymama
la abuela
nagypapa
el abuelo
apa
el padre
anya
la madre
kisbaba
el bebé
lány
la hija
fiú
el hijo

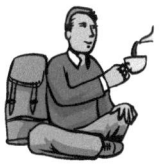

vendég

el invitado

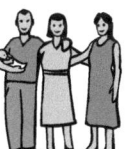

nagynéni

la tía

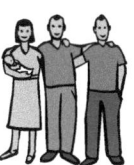

nagybácsi

el tío

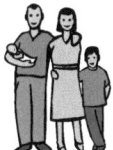

fiútestvér

el hermano

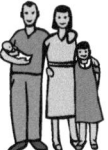

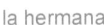

lánytestvér

la hermana

test
el cuerpo

homlok
la frente
szem
el ojo
váll
el hombro
ujj
el dedo
arc
la cara
áll
la pera
kéz
la mano
láb
la pierna
mell
el pecho
kar
el brazo

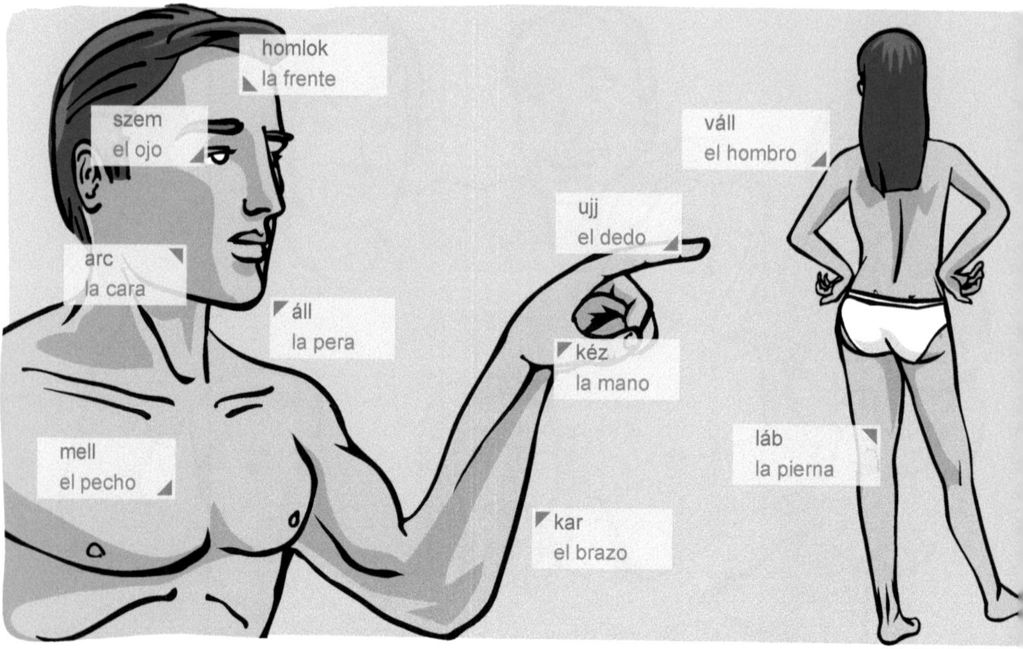

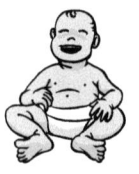

kisbaba
el bebé

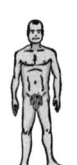

ember
el hombre

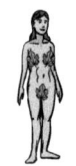

nő
la mujer

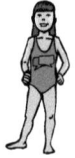

lány
la nena

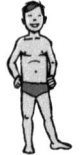

fiú
el nene

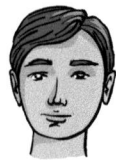

fej
la cabeza

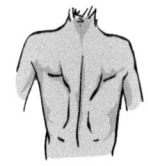

hát

la espalda

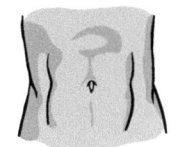

has

la panza

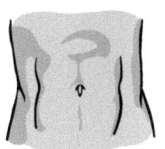

köldök

el ombligo

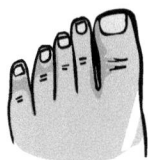

lábujj

el dedo del pie

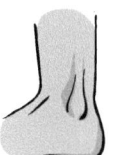

sarok

el talón

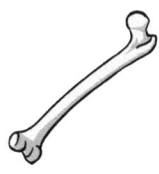

csont

el hueso

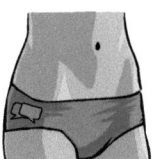

csípő

la cadera

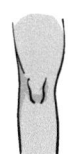

térd

la rodilla

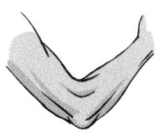

könyök

el codo

orr

la nariz

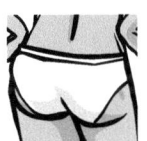

fenék

la cola

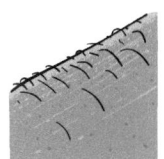

bőr

la piel

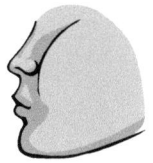

orca

el cachete

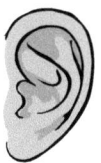

fül

la oreja

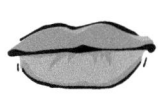

ajak

el labio

száj

la boca

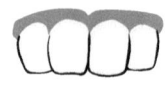

fog

el diente

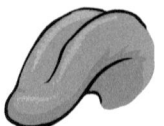

nyelv

la lengua

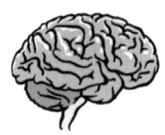

agy

el cerebro

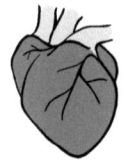

szív

el corazón

izom

el músculo

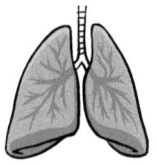

tüdő

el pulmón

máj

el hígado

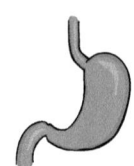

gyomor

el estómago

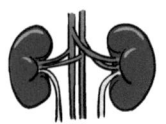

vese

los riñones

szex

el sexo

kondom

el preservativo

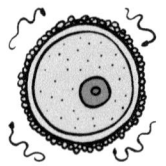

petesejt

el óvulo

sperma

el semen

terhesség

el embarazo

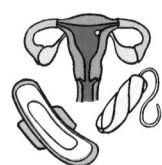

menstruáció

la menstruación

vagina

la vagina

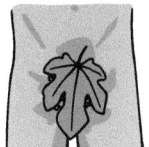

pénisz

el pene

szemöldök

la ceja

haj

el pelo

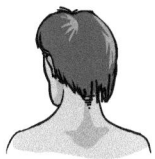

nyak

el cuello

kórház
el hospital

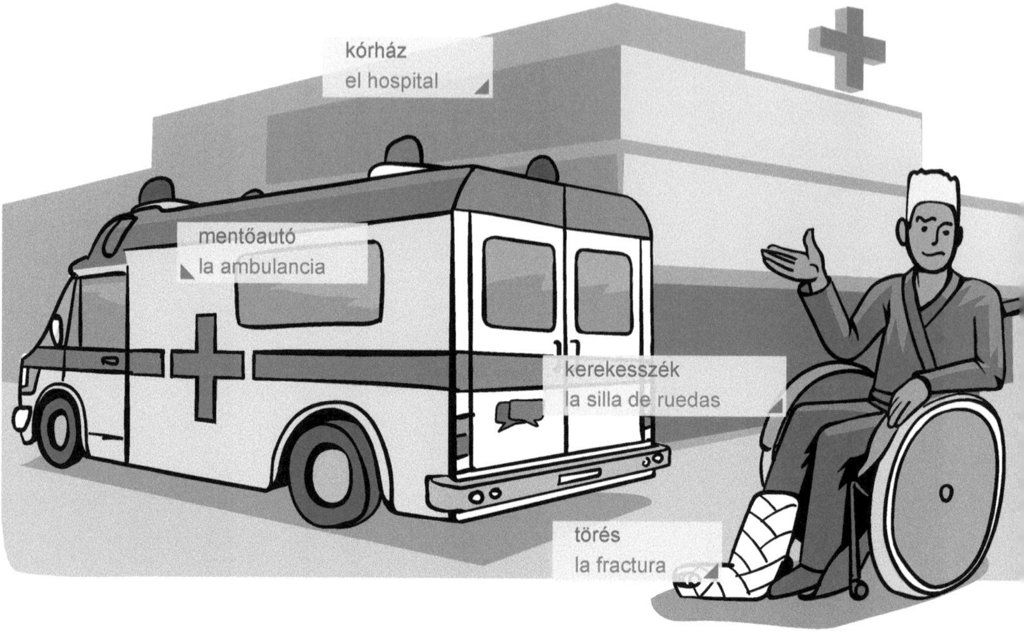

kórház
el hospital
mentőautó
la ambulancia
kerekesszék
la silla de ruedas
törés
la fractura

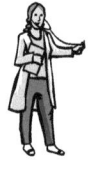

orvos

el médico

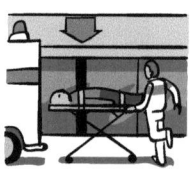

sürgősségi osztály

la sala de guardia

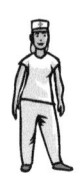

ápoló

la enfermera

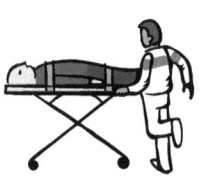

vészhelyzet

la emergencia

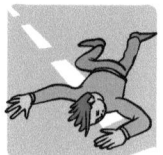

eszméletlen

inconsciente

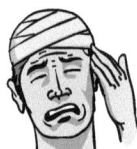

fájdalom

el dolor

sérülés

la lesión

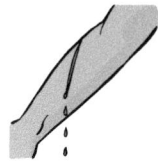

vérzés

la hemorragia

szívroham

el infarto

szélütés

el ACV

allergia

la alergia

köhögés

la tos

láz

la fiebre

influenza

la gripe

hasmenés

la diarrea

fejfájás

el dolor de cabeza

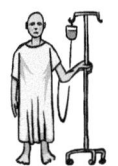

rák

el cáncer

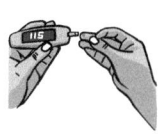

cukorbetegség

la diabetes

sebész

el cirujano

szike

el bisturí

műtét

la operación

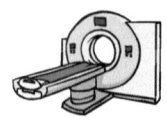

CT
la TC

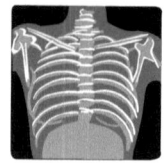

röntgen
los rayos x

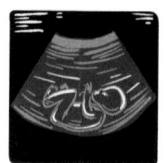

ultrahang
la ecografía

arcmaszk
el barbijo

betegség
la enfermedad

váróterem
la sala de espera

mankó
la muleta

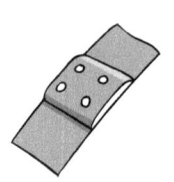

sebtapasz
la curita

kötszer
la venda

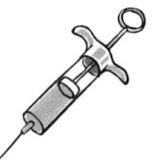

injekció
la inyección

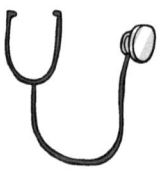

sztetoszkóp
el estetoscopio

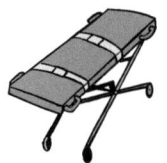

hordágy
la camilla

klinikai hőmérő
el termómetro

születés
el nacimiento

túlsúly
el sobrepeso

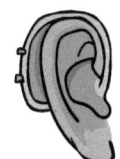

hallókészülék
el audífono

fertőtlenítőszer
el desinfectante

fertőzés
la infección

vírus
el virus

HIV/AIDS
el VIH / SIDA

orvosság
el remedio

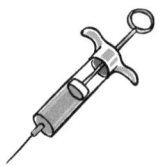

oltás
la vacunación

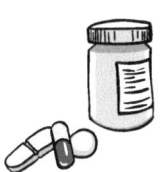

tabletták
los comprimidos

tabletta
la pastilla anticonceptiva

sürgősségi hívás
la llamada de emergencia

vérnyomásmérő
el tensiómetro

betegség / egészség
enfermo / sano

Segítség!

¡Ayuda!

riasztás

la alarma

rajtaütés

la agresión

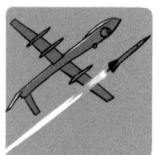

támadás

el ataque

veszély

el peligro

vészkijárat

la salida de emergencia

tűz!

¡Fuego!

tűzoltókészülék

el matafuego

baleset

el accidente

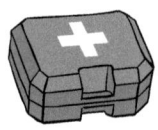

elsősegélycsomag

el botiquín de primeros auxilios

SOS

el SOS

rendőrség

la policía

Európa

Europa

Észak-Amerika

América del Norte

Dél-Amerika

América del Sur

Afrika

África

Ázsia

Asia

Ausztrália

Australia

Atlanti-óceán

el Atlántico

Csendes-óceán

el Pacífico

Indiai-óceán

el Océano Índico

Déli-óceán

el Océano Antártico

Jeges-tenger

el Océano Ártico

Északi-sark

el polo norte

Déli-sark

el polo sur

Antarktisz

la Antártida

föld

la Tierra

szárazföld

la tierra

tenger

el mar

sziget

la isla

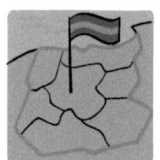

nemzet

la nación

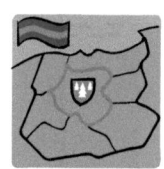

állam

el estado

föld - la Tierra

számlap

la esfera

kismutató

la manecilla de las horas

nagymutató

el minutero

másodpercmutató

el segundero

Mennyi az idő?

¿Qué hora es?

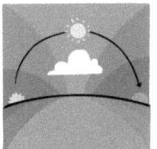

nap

el día

idő

la hora

most

ahora

digitális óra

el reloj digital

perc

el minuto

óra

la hora

hét

la semana

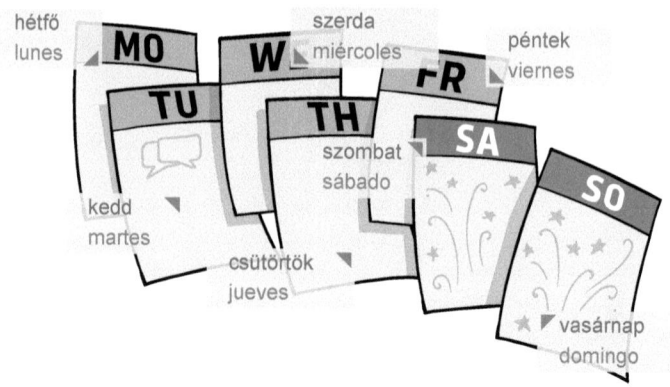

hétfő / lunes — szerda / miércoles — péntek / viernes
kedd / martes — csütörtök / jueves — szombat / sábado — vasárnap / domingo

tegnap
ayer

ma
hoy

holnap
mañana

reggel
la mañana

dél
el mediodía

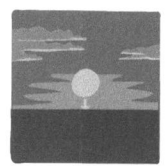

este
la tarde

MO	TU	WE	TH	FR	SA	SU
1	2	3	4	5	6	7
8	9	10	11	12	13	14
15	16	17	18	19	20	21
22	23	24	25	26	27	28
29	30	31	1	2	3	4

hétköznap
los días hábiles

MO	TU	WE	TH	FR	SA	SU
1	2	3	4	5	6	7
8	9	10	11	12	13	14
15	16	17	18	19	20	21
22	23	24	25	26	27	28
29	30	31	1	2	3	4

hétvége
el fin de semana

év

el año

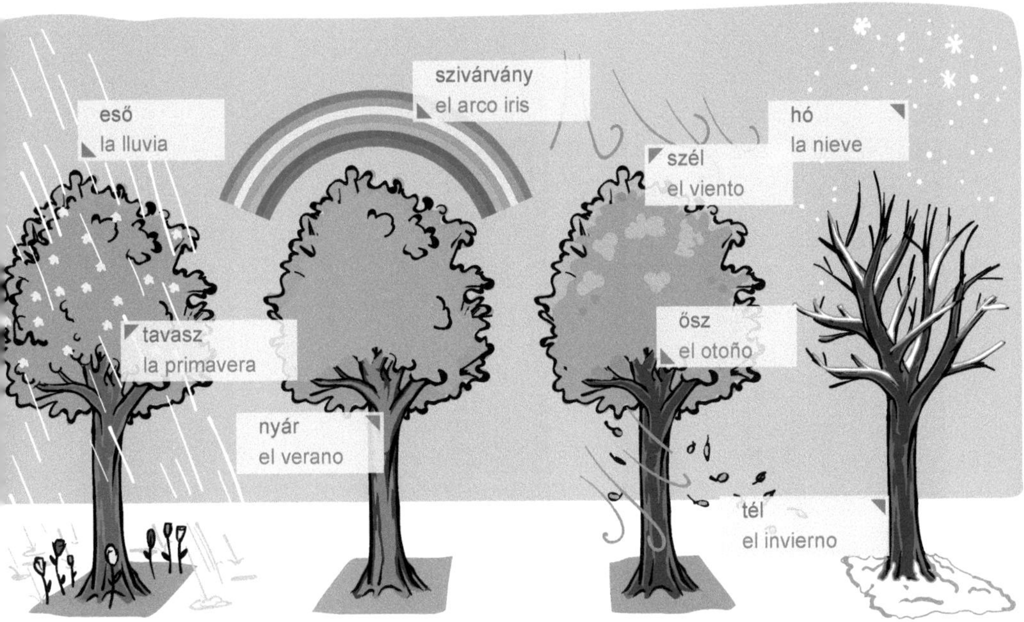
szivárvány
el arco iris
eső
la lluvia
hó
la nieve
szél
el viento
tavasz
la primavera
ősz
el otoño
nyár
el verano
tél
el invierno

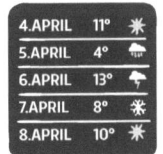

4.APRIL 11°
5.APRIL 4°
6.APRIL 13°
7.APRIL 8°
8.APRIL 10°

időjárás előrejelzés

el pronóstico meteorológico

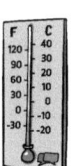

F C
120 40
90 30
60 20
30 10
0 0
-30 -10
-20

hőmérő

el termómetro

napsütés

la luz del sol

felhő

la nube

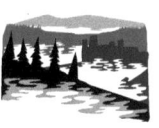

köd

la niebla

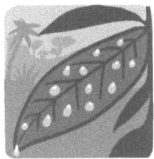

páratartalom

la humedad

villámlás
el rayo

mennydörgés
el trueno

vihar
la tormenta

jégeső
el granizo

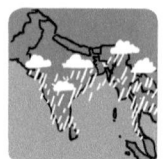

monszun
el monzón

áradás
la inundación

jég
el hielo

január
enero

február
febrero

március
marzo

április
abril

május
mayo

június
junio

július
julio

augusztus
agosto

szeptember

septiembre

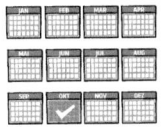

október

octubre

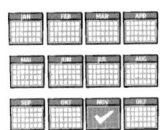

november

noviembre

december

diciembre

alakzatok
las formas

kör

el círculo

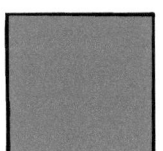

négyzet

el cuadrado

téglalap

el rectángulo

háromszög

el triángulo

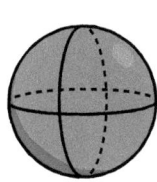

gömb

la esfera

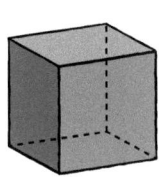

kocka

el cubo

fehér

blanco

sárga

amarillo

narancs

naranja

rózsaszín

rosa

piros

rojo

lila

violeta

kék

azul

zöld

verde

barna

marrón

szürke

gris

fekete

negro

sok / kevés

mucho / poco

mérges / nyugodt

enojado / tranquilo

szép / csúnya

lindo / feo

kezdet / vég

el principio / el fin

nagy / kicsi

grande / chico

világos / sötét

claro / oscuro

fivér / nővér

el hermano / la hermana

tiszta / koszos

limpio / sucio

teljes / nem teljes

completo / incompleto

nappal / éjszaka

el día / la noche

halott / élő

muerto / vivo

széles / keskeny

ancho / angosto

ehető / nem ehető

comestible / no comestible

gonosz / kedves

malo / amable

izgatott / unott

entusiasmado / aburrido

kövér / vékony

gordo / flaco

első / utolsó

primero / último

barát / ellenség

el amigo / el enemigo

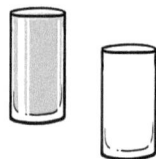

teli / üres

lleno / vacío

kemény / puha

duro / blando

nehéz / könnyű

pesado / liviano

éhség / szomjúság

el hambre / la sed

betegség / egészség

enfermo / sano

illegális / legális

ilegal / legal

intelligens / buta

inteligente / estúpido

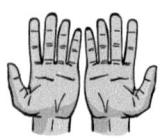

bal / jobb

izquierda / derecha

közel / távol

cerca / lejos

új / használt

nuevo / usado

semmi / valami

nada / algo

idős / fiatal

viejo / joven

be / ki

encendido / apagado

nyitva / zárva

abierto / cerrado

csendes / hangos

silencioso / ruidoso

gazdag / szegény

rico / pobre

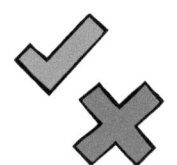

helyes / helytelen

correcto / incorrecto

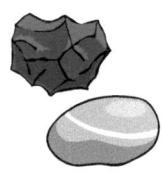

érdes / sima

áspero / suave

szomorú / vidám

triste / contento

rövid / hosszú

corto / largo

lassú / gyors

lento / rápido

nedves / száraz

mojado / seco

meleg / hideg

caliente / frío

háború / béke

guerra / paz

számok

los números

0	**1**	**2**
nulla	egy	kettö
cero	uno	dos
3	**4**	**5**
három	négy	öt
tres	cuatro	cinco
6	**7**	**8**
hat	hét	nyolc
seis	siete	ocho
9	**10**	**11**
kilenc	tíz	tizenegy
nueve	diez	once

12

tizenkettő

doce

13

tizenhárom

trece

14

tizennégy

catorce

15

tizenöt

quince

16

tizenhat

dieciséis

17

tizenhét

diecisiete

18

tizennyolc

dieciocho

19

tizenkilenc

diecinueve

20

húsz

veinte

100

száz

cien

1.000

ezer

mil

1.000.000

millió

el millón

angol

el inglés

amerikai angol

el inglés americano

mandarin kínai

el chino mandarín

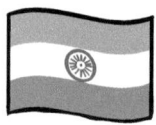

hindi

el hindi

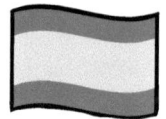

spanyol

el español

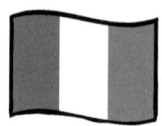

francia

el francés

arab

el árabe

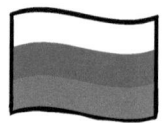

orosz

el ruso

portugál

el portugués

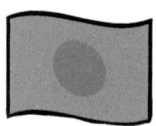

bengáli

el bengalí

német

el alemán

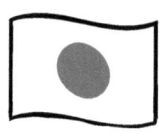

japán

el japonés

én
yo

te
vos

ő
él / ella

mi
nosotros

ti
ustedes

ök
ellos

ki?
¿quién?

mi?
¿qué?

hogyan?
¿cómo?

hol?
¿dónde?

mikor?
¿cuándo?

név
el nombre

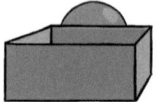

mögött

detrás

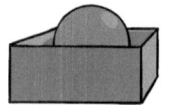

benne

en

elötte

adelante de

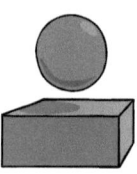

felette

por encima de

rajta

sobre

alatta

debajo de

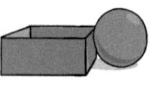

mellett

al lado de

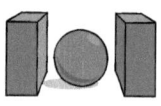

között

entre

hely

el lugar